# IN DER UKRAINE - EINE REISE IN EUROPAS GRÖßTES LAND

## A TRAVEL STORY BY MIGUEL LOOFT

## Über den Autor

Aus Faszination für Osteuropa hat Miguel Looft sich im Winter, zu einer wahrlich unwirtlichen Reisezeit, als Backpacker zu einem neuen Ziel aufgemacht. Ihn lockte dieses Mal das größte Land Europas: die Ukraine. 1986 in Brasilien geboren, wuchs Miguel Looft in seiner jetzigen Heimatstadt Stuttgart auf. Seit er Ausbildung und Studium absolviert hat, widmet er sich dem Reisen, seiner großen Leidenschaft. Dabei hat ihn sein Fernweh schon in über 30 Länder auf der ganzen Welt verschlagen. Doch da er von ganzem Herzen Europäer ist, ist es auch seine Leidenschaft, seinen Heimatkontinent kennenzulernen. Der Bericht aus der Ukraine ist sein drittes Werk, in dem er die Leser mit auf seine Reisen nimmt und ihnen diesen vermeintlich bekannten, und manchmal doch so fremden Teil Europas näher bringt.

# INHALT

# Ab nach Kyiv

Freitag. Es ging schon mal gut los, da mein Lufthansa-Flug um fünf Stunden nach hinten verschoben worden war. Obwohl ich von der Verlegung meines Fluges bereits im Vorfeld durch die Lufthansa informiert wurde, entschied ich mich dennoch, den „gebuchten" Zug zu nehmen. Denn ich war mir nicht sicher und wollte auch kein Risiko eingehen, den Flug dann doch noch irgendwie zu verpassen. Ich war verärgert, aber dennoch konnte ich froh sein, dass der Flug nicht ganz gecancelt wurde. Von der Lufthansa gab es einen lächerlichen 10 € Voucher, eine nette Geste, aber jeder, der die Preise an deutschen Flughäfen kennt, weiß, dass man damit so gut wie nichts kaufen kann, da die Preise am Frankfurter Flughafen, wie an allen deutschen Flughäfen, völlig überteuert sind. Reine Abzocke, aber wer bereits von einem deutschen Flughafen aus geflogen ist, der ist sich der Thematik durchaus bewusst, dass, sobald man durch die Sicherheitskontrolle ist, die Preise auf unerklärliche Weise steigen. Nach meiner Rückkehr machte ich getreu den gängigen EU-Richtlinien für Verspätung meinen Anspruch über fairplane geltend. Da die Lufthansa dies offensichtlich anders sah, musste erst ein Gericht darüber urteilen. Natürlich zu meinen Gunsten, und so bekam ich am Ende mehr Geld zurück als ich für den Flug gezahlt hatte. Geht doch.

Auf meine Nachfrage am Frankfurter Flughafen, warum die Lufthansa den Flug denn um fünf Stunden nach hinten verschoben hatte, speiste man mich allerdings zunächst mit fadenscheinigen Argumenten ab. Die Antwort, die sie mir darauf gaben, war, dass aufgrund der politischen Lage in der Ukraine die deutschen Crews nicht mehr in Kyiv übernachten dürfen. Sie bleiben stattdessen im Flieger und fliegen dann sofort wieder zurück nach Deutschland – so die Aussage der Lufthansa-Mitarbeiterin am Schalter. Versehen mit dem Hinweis „Sie haben dafür sicherlich Verständnis". Ich dachte mir, nein, eigentlich habe ich dafür kein Verständnis. Trotzdem sagte ich ihr aber höflich ja, das habe ich, und fügte hinzu, wo denn das Problem sei, da ich und andere ja schließlich nach Kyiv fliegen und die nächsten Tage in der Ukraine bleiben und ich somit auch dort übernachten werde. Darauf sagte sie mir, dass es in Kyiv am Flughafen wohl einen Vorfall gegeben hatte, auf den sie aber nicht näher eingehen könne – oder wollte –, und dankte mir erneut für mein Verständnis. Da wäre Ukraine International sicherlich nicht so zimperlich gewesen, doch ich habe mich bewusst dafür entschieden, mit der Lufthansa und nicht mit UIA, so die Kurzform, zu fliegen, statt die staatliche Fluggesellschaft des Landes zu nutzen, in das ich jetzt reisen würde. Mit Ukraine International war ich 2016 bereits nach Georgien geflogen und der Rückflug war ein

Erlebnis – aber leider kein positives. Die Flugbegleiterinnen sahen damals alle aus wie Models, waren jedoch super unfreundlich, ein Wesenszug, der offenbar auch dem Personal, das an den Fahrkartenschaltern der ukrainischen Eisenbahn arbeitet, zu eigen ist. Und sicher habe ich mich damals auf dem Flug von Tiflis nach Kyiv auch nicht gefühlt. Ich kann mich noch allzu gut an die anfänglichen Diskussionen bezüglich meines Sitzplatzes erinnern. Das war aber nur der Anfang, denn nachdem man mich umgesetzt hatte, luden meine ukrainische Sitznachbarin, die zurück in die USA wollte, und ich uns nach dem Start, der eine Vollkatastrophe war, gegenseitig auf Bier und Vodka ein, und führten lustige Gespräche – und das morgens um halb sechs. Wir hatten beide gut einen sitzen, als wir in Kyiv landeten und sich unsere Wege trennten, aber dennoch waren wir beide überglücklich, dass wir gesund und lustig in Kyiv ankamen, da wir zeitweise davon ausgingen, den Flug nicht zu überleben.

Ich holte mir am Flughafen also etwas zu essen und zu trinken, wofür der läppische Voucher bei Weitem natürlich nicht ausreichte und ich selbst noch ein paar Euro drauflegen musste. Beim Essen genoss ich die Freiheit, meine Maske abzusetzen und zwischendurch mal frische Luft atmen zu können.

Entspannt und gestärkt ging ich zurück zu meinem Gate. Zum Glück gibt es am Frankfurter Flughafen, wie auch in Stuttgart, noch die guten alten Raucherlounges. In meinem Fall war eine davon nicht allzu weit von meinem Gate entfernt, insofern war es nur logisch, dass ich dort vor dem Abflug nach Kyiv regelmäßig zu Gast war. Irgendwie musste ich diese lange und zunächst sehr eintönige Zeit ja überbrücken, und irgendwann kann man einfach keinen Podcast mehr hören. Und da ich noch einige Stunden bis zum Abflug hatte und an den Gates nicht wirklich viel los war, bekam ich mit der Zeit auch mit, wer denn so alles auf den gleichen Flug wartete wie ich. Und so lernten Leon und ich uns, wie konnte es auch anders sein, in der Raucherlounge kennen. Rauchen mag zwar ungesund sein, ist dafür aber auch sehr verbindend und kommunikativ. Wir beide hatten das gleiche Ziel. Kyiv. Er, um mit seiner ukrainischen Verlobten Oksana in ihre Heimat, die Ukraine, zu fliegen und sie dort zu heiraten, und ich, um mir die Ukraine und insbesondere Tschernobyl und natürlich auch die sogenannte Geisterstadt Pripyat anzuschauen. Ich sah immer wieder die gleichen Gesichter beim Rauchen und auch auf den Bänken am Gate sitzen. Was waren wohl die Beweggründe der anderen Menschen, die dort saßen und mit mir auf den gleichen Flieger nach Kyiv warteten, fragte ich mich immer wieder, da man es schließlich niemandem ansehen kann.

So kam es, dass ich hörte, wie ein Mann und eine Frau, die offensichtlich einen größeren Altersunterschied hatten, sich unterhielten, und sah, dass sie immer wieder gemeinsam beim Rauchen waren. Ich dachte mir insgeheim, naja, sie ist schon etwas jung, oder, anders gesagt, er schon etwas alt. Ich schätze mal, dass er so um die 50 Jahre alt war und sie so in den letzten Zügen ihrer Zwanziger. Naja, die beiden werden schon wissen, was sie machen, dachte ich mir – sind ja beide alt genug. Jedoch war ich neugierig, worüber sie sich so angeregt in ihrer Sprache unterhielten – doch da es weder Deutsch noch Englisch war, verstand ich leider kein Wort. Es muss wohl Russisch oder Ukrainisch gewesen sein.

Kurz vor dem Abflug, es muss gegen 21 Uhr gewesen sein, fragte Leon, ob ich mich nicht zu ihnen setzen wolle, und so nahm ich mein Handgepäck, einen kleinen Rucksack und setzte mich zu Leon und seiner Verlobten Oksana. Damit hatte sich zumindest der Faktor der Langeweile erledigt. Oksana, die ihren Master in Philologie an der Universität in Kyiv gemacht hatte, konnte Licht ins Dunkel bringen, da sie die beiden verstanden hatte und meinte, dass der Mann die deutlich jüngere Frau gefragt hatte, ob sie nicht mit ihm in Kyiv aussteigen könne, da er sauer auf seine Frau war und sie eifersüchtig machen wollte.

Ich dachte mir nur – what the fuck geht denn hier ab. Aber naja, andere Länder, andere Sitten. Aber wahrscheinlich kann einem so etwas überall auf der Welt begegnen. Auf jeden Fall stiegen die beiden in Kyiv dann doch nicht zusammen aus. Vielleicht fanden sie den Plan dann doch nicht mehr so gut.

Leon erzählte mir von seiner Flugangst und je näher der Abflug rückte, desto häufiger ging er zum Rauchen und desto mehr rauchte er. Allerdings hatte er sich auch etwas gegen Flugangst mitgenommen. Was auch immer es war – keine Ahnung, oder ganz modern: I don't know – ich hab's mir nicht gemerkt, auf jeden Fall war es kein Baldrian. Nachdem es dann endlich losging, landeten wir mit über fünf Stunden Verspätung nachts gegen 01:30 Uhr endlich in Kyiv.

Ich hatte jedoch das große Glück, dass Yulya und ihr Freund mich dennoch mit dem Auto vom Flughafen abholten. Da war es dann kurz nach 2 Uhr in der Nacht Ortszeit. Ich hatte Yulya erst kurz vorher bei Couchsurfing kennengelernt und bei ihr nach einer Unterkunft für die erste Nacht angefragt. Ich weiß nicht, ob ich das gleiche, einen solchen nächtlichen Chauffeur-Dienst, für meine Couchsurfer tun würde, aber da ich kein Auto habe, stellt sich die Frage nicht wirklich. Ich fand's jedoch mega nice von ihr und ihrem Freund. Wir fuhren also durch die nächtlichen Straßen Kyivs. Als wir an einer roten Ampel stoppten, weckte lautes Bellen meine Aufmerksamkeit und ich nahm draußen einige Straßenhunde wahr, die gegen das

Auto sprangen. That's weird, dachte ich mir, denn
sowas habe ich auch noch nicht erlebt. Yulyas
Freund meinte nur: Suicide dogs, aber die wollen
nicht nur spielen. Nach dem ersten „Schock" kamen
wir auch schon bald darauf an einem etwas
moderneren Hochhauskomplex an, wo Yulya mit
ihrem Freund und ihrer kleinen Tochter wohnte.

Hi Yulya,

I fly in Kiev on Friday and will arrive at 20:35 local time.
So, I am happy if you host me for one night.
On Saturday I will go to Chernobyl very early (around
7:30/8:00). If you feel uncomfortable because I will leave
so early in the morning it's also okay-just let me know (but
if you get up also early to see the sunrise-I am happy to
join, but I think the sunrise will be later in those days). I am
very easygoing, 35 years old and of course vaccinated with
moderna.

cheers
Miguel

 Hi Miguel!
U're our guest considering all the facts late arrival and early
leaving. I don't think that sunrise will be those days as it's gray
and gloomy but I'm still an earli riser.

Hi Yulya, thx for accepting my request. +49-███████
is my number. I have whatsapp and also signal. Where do I
have to go, when I come direct from the airport on Friday?

Gmorning Miguel
I live on ████████████████. If you go from Borispol
airport u should take a bus shuttle Skybus ( cost is 60 UAH
cash) and go to 1st sop on Kharkivska metro station. And
almost at the same place u should take the yellow marshrutka
(regular bus) #535 (cost 7 UAH cash) and go to the last stop.
I'll meet u there. It may take up to 1.5. hour on average but
depends on traffic. Please find my nummer +38███████
to whatsapp

Let me know if your flight number. Maybe I'll have the
possibility to meet u by car at the airport. I'll know for sure
after 3 pm

# Tschernobyl

Viel Schlaf hatte die Nacht für mich leider nicht mehr zu bieten, es waren keine vier Stunden, bevor es schon wieder raus aus den Federn ging. Nach einem kurzen Frühstück, das Yulya extra für mich vorbereitet hatte, ging es mit einem Uber-Taxi, welches Yulya mir bestellt und, wie ich bei der Ankunft des Autos merkte, auch schon bezahlt hatte, zum Treffpunkt in der Nähe des Hauptbahnhofs in Kyiv, wo die Besichtigungstour von Tschernobyl starten sollte.

Für die etwa 130 Kilometer lange Strecke von Kyiv in die Sperrzone brauchten wir keine zwei Stunden. Da wir alle aufgrund der frühen Stunde noch recht müde waren, wurde nicht viel gesprochen und manche, mich eingeschlossen, versuchten, noch ein wenig zu schlafen. Stacy, unser Tourguide, machte uns einen Film über Tschernobyl an. An der Stelle waren wir ein wenig undankbar, denn der Film stieß unsererseits auf nur wenig Interesse, da wir alle die Geschichte kannten und es vorzogen zu schlafen beziehungsweise einfach die Augen zu entspannen und zu schließen.

Unsere Reisegruppe war bunt gemischt: Frauen und Männer von Anfang zwanzig bis in die Fünfziger aus den verschiedensten europäischen Ländern und mit den verschiedensten beruflichen Hintergründen. Ich war darunter nicht der Einzige, der erst am Vortag angereist war, so dass der

Müdigkeitsgrad der Gruppe überdurchschnittlich hoch war. Wir haben uns daher auch kaum die Zeit genommen, uns ausführlich danach zu erkundigen, was jeweils unsere Beweggründe für den Besuch von Tschernobyl waren. Trotz der Müdigkeit waren wir alle irgendwie auch gespannt und neugierig, schließlich macht man so eine Tour ja nur einmal im Leben – wenn man sie denn überhaupt macht. Nach der Ankunft erhielt jeder Teilnehmer ein Dosimeter, welches wir an einem Band um den Hals tragen mussten. Was von Weitem aussah wie ein gewöhnlicher Zugangsberechtigungsausweis, war dazu da, am Ende der Tour unsere Strahlendosis zu messen. Schon zu Beginn wurde also klar, dass das Thema der radioaktiven Strahlung auch heute noch durchaus ernstgenommen wird. Stacy instruierte uns noch mit ein paar Dos und Don'ts. Unter anderem schärfte sie uns mehrfach ein, dass das Fotografieren ja eigentlich da und dort nicht erlaubt sei. Naja gut.

An einer der Buden, in denen man Souvenirs, Getränke, Speisen und Krimskrams kaufen konnte und von denen es an der Grenze zur Sperrzone mehrere gab, besorgten ich und die anderen Teilnehmer der Tour uns noch etwas zu Essen für den Tag, da dies für die nächsten Stunden die letzte Möglichkeit war, uns mit Verpflegung einzudecken. Danach ging es schon los mit der Erkundungstour. Draußen war es, auf gut Deutsch gesagt,

„arschkalt". In Deutschland war es zu dieser Zeit deutlich wärmer. Es war sozusagen die sibirische Kälte, die wir spürten, und das, obwohl wir von den minus 30 Grad ziemlich weit entfernt waren mit den paar Grad unter null. Das traf mich allerdings nicht wirklich unvorbereitet, ich stapfte mit meiner über zehn Jahre alten, aber immer noch warmen roten Winterjacke, meiner Hose – und natürlich hatte ich eine lange Unterhose darunter – durch den Schnee, meine Mütze und die Kapuze wärmend über den Kopf gezogen. Abgerundet wurde mein Outfit durch meine neongrüne FFP2-Maske, die wir wegen Corona alle im Bus tragen mussten, und zwar unabhängig davon, ob wir geimpft waren oder nicht. Somit brachten wir mit unseren Masken etwas Farbe in die winterlich weiße Schneelandschaft.

Unser Tour-Guide Stacy versorgte uns vor Ort, genauso wie schon im Bus, mit allen notwendigen Infos. Allerdings wurde relativ schnell klar, dass die meisten der Teilnehmer hauptsächlich scharf darauf waren, Fotos zu machen, zumal uns allen die Geschichte der Katastrophe vom 26. April 1986 noch sehr lebendig gewesen sein dürfte – ob nun aus der eigenen – direkten oder indirekten – Erinnerung oder aus Recherchen. Fotografieren war an manchen Orten nicht erlaubt, aber dennoch schaffte ich es, die Fotos zu machen, die ich machen wollte und so die Höhepunkte meiner Reise in Bildern festzuhalten.

All die verlassenen Gebäude zu sehen, war schon sehr beklemmend. Viele von denen waren noch genau so eingerichtet, wie die ehemaligen Bewohner sie vor Jahren verlassen hatten, wenn sie nicht gerade Opfer von Vandalismus und Plünderungen geworden waren. Unsere Erkundungstour wurde begleitet vom ständigen Piepsen der Geigerzähler, die wir mit uns trugen. Mit einem äußerst eindringlichen Ton wiesen sie uns darauf hin, dass nach all den Jahren noch immer ein Rest radioaktiver Strahlung vorzufinden war. Die kleinen gelben Geräte sahen äußerlich aus wie Handwerkzeuge, vielleicht Stoppuhren, Laser-Geräte zum Messen von Entfernungen oder GPS-Geräte. Allein die bekannten Strahlen-Warnzeichen, die prominent auf der Vorderseite prangten, unterschieden sie optisch von solchen Apparaten. Einerseits war es faszinierend, andererseits beängstigend, ein solches Gerät in der Hand zu haben und den Ausschlag zu erleben, den man sonst nur aus Filmen, Serien oder Dokumentationen kennt. Die Werte waren natürlich nicht ansatzweise so hoch wie vor gut 35 Jahren, was ja auch einen Besuch dieser Region unmöglich gemacht hätte. Bei einigen Gegenständen, die wir im Schnee fanden, schlugen die Geigerzähler stark aus. Trotzdem hielten wir die Zähler nicht ewig an die mit Strahlung belasteten Gegenstände.

Es war erfrischend, mit Stacy einen Tour-Guide zu haben, die ebenso in ihren Dreißigern ist, wie ich es bin, also in der Rushhour des Lebens – #LiebeDeineDreißiger. Und sie hatte wirklich keinen leichten Job mit unserer internationalen englischsprachigen Gruppe, weil die meisten Reisenden vor allem darauf aus waren, Fotos zu machen – Stacys Anweisung zum Trotz.

Als Guide an einem Ort zu arbeiten, der so geschichtsträchtig ist, wo der Größte Anzunehmende Unfall (GAU) passiert war, ist definitiv nicht einfach. Aber trotzdem war sie der Sonnenschein, der stets gute Laune ausstrahlte und lächelte. Stacy unterhielt uns informativ und charmant zugleich. Es gelang ihr auch immer wieder, uns mit der einen oder anderen Anekdote ein Lächeln abzuringen.

Als Kundige der dortigen Witterungsverhältnisse trug sie eine dicke Winterjacke, die langen braunen Haare unter der Kapuze mit Pelzkragen verborgen, und Handschuhe – zumindest gut gegen die Kälte geschützt, wenn schon nicht gegen die Strahlung, der sie durch ihre Arbeit stets ausgesetzt war.

Sie gab sich die größte Mühe, uns diese verlassene Welt näherzubringen, und erzählte viele Details zur Geschichte rund um das ehemalige Kraftwerk und zu allen möglichen Städten, Dörfern und Bauwerken, die wir auf unserer Rundfahrt aufsuchten und an denen wir auf unserem Rundgang vorbeikamen. Besonders beeindruckend war natürlich die Geisterstadt Pripyat: Wohnblocks, Hotels, Kindergärten, Schulen und Supermärkte, die äußerlich und innerlich dem Verfall geweiht sind. Fassaden, die von Wind und Wetter geschält und vom Zahn der Zeit abgenagt werden. Vielfach hält alles nur noch durch den Rost zusammen. Und darum, weil niemand sich daran macht, irgendetwas daran zu ändern. Und da, wo es nicht mehr zusammengehalten hat, kommt die natürliche Vegetation wieder zu ihrem Recht – oder zumindest die fast natürliche Vegetation, berücksichtigt man, dass sie durch die Strahlung irgendwie verändert ist. Dort in Pripyat, so wie in allen umliegenden Siedlungen auch, haben die ehemaligen Bewohner nach ihrem erst verspäteten und dann überstürzten Aufbruch den Großteil ihres Besitzes zurücklassen müssen – war ihnen doch zunächst das Märchen von einer vorübergehenden Abwesenheit, man sprach damals von drei oder vier Tagen, aufgetischt worden. Niemand hatte geahnt, dass diese Menschen ihre Heimat nie wiedersehen würden – zumindest nicht in der Form, wie sie sie damals zurückgelassen hatten: als 1970 gegründete, aber dennoch funktionierende Stadt. Ich habe keine Ahnung, ob es überhaupt möglich war oder ob einige von ihnen diese Möglichkeit wahrgenommen haben, später noch mal dorthin zurückzugehen, um einige ihrer Sachen zu holen oder um nostalgisch einen Blick über ihre alte Stadt zu werfen – die paar dutzenden Menschen ausgenommen, die sich über das Siedlungsverbot hinwegsetzten und bis heute dort leben. Diese Siedler, die sogenannten Samosely, sind in der Zeit nach dem Unfall wieder in ihre Region zurückgekehrt oder haben sich der Evakuierung widersetzt.

Pripyat war damals zwar auf dem Reißbrett entworfen und in ganz kurzer Zeit errichtet worden, doch man kann annehmen, dass es ein ganz normaler Ort gewesen war. Mit geteiltem Freud und Leid, mit Arbeit, Infrastruktur, Gästen, Freunden, Liebe und Streit, gerade so wie in jeder anderen Siedlung auch. Vielleicht mit der Besonderheit, dass die Menschen sich zurechtruckeln mussten zwischen der Tradition der althergebrachten Kultur und der planwirtschaftlichen Moderne des seit einigen Jahrzehnten erstarkenden Kommunismus. Was ja zur Folge hatte, dass Menschen willkürlich umgesiedelt wurden und die Gesellschaft sich vielerorts zusammensetzte aus Bevölkerungsteilen aus vielen Teilen der Sowjetunion. Aber dieses übergriffige Vorgehen machte solche künstlich aus dem Boden gestampften Besiedlungen erst möglich. Wie dem auch sei: Noch schneller als die wenigen Jahre, in denen Pripyat entstanden und mit Leben gefüllt worden war, verschwand dieses Leben daraus auch wieder.

Stacys enormes Wissen zu allen möglichen Ortschaften und sonstigen Details war wirklich verblüffend. Immer wieder blickte sie uns eindringlich durch ihre schmale Brille an. Sie zeigte uns Bilder mit Luftaufnahmen von dem explodierten Reaktorblock und gestikulierte sanft während ihrer Erzählungen, die sie mit ihrem sehr wohlklingenden sexy Akzent auf Englisch ausführte. Ich verfolgte ihre Ausführungen die meiste Zeit über mit großem Interesse, wobei ich zugeben muss, dass auch ich ab und zu abgelenkt war und ich mich voll und ganz auf die Umgebung konzentrierte. Ich versuchte, so viele Eindrücke wie möglich davon einzufangen, da die Einzigartigkeit dieser Region zu Recht meine Aufmerksamkeit einforderte. Wie könnte man es mir auch verdenken, war ich doch gerade an einem Ort, an dem alte blaue Lieferwagen neben rosa angesprühten, rostenden Panzern standen, umgeben von Wald und Schnee. Fast wie eine Art Dornröschenschlaf, nur dass man hier in den nächsten Jahrzehnten, wenn nicht deutlich länger, nichts von diesen Relikten je wieder zum Leben erwecken wird.

Wir verbrachten den ganzen Tag in der Sperrzone. So beeindruckend die menschenleere und fast unberührt scheinende Landschaft auch war, die sich wieder zu natürlichen Biotopen zurückentwickelt hat – die verschiedenen verlassenen Orte, die wir besuchten, beeindruckten mich noch mehr. Es war ein faszinierendes Gefühl zu sehen, wie sich die Natur diese Gebiete wieder zurückeroberte. Bäume und Sträucher, die durch Gebäude und Fahrzeuge hindurch wuchsen, Gestrüpp, das Häuser und ganze Dörfer inzwischen unter sich begraben und sie als solche fast unkenntlich gemacht hatte.

Unter anderem waren wir an einer alten Schule, in der noch fast alles so vorzufinden war, wie es damals gewesen war. Spielsachen, Schriften an der Wand und teilweise noch volle Schränke. Gerade so, als hätte man ein riesiges, dreidimensionales Bild mit einer Zeitmaschine dorthin versetzt, nur dass auf dem Weg hierher die Bewohner dieses skurrilen Stilllebens verloren gegangen sind. Wir sahen einen eingeschneiten Autoscooter, die Wägelchen auf der Fläche verteilt stehengelassen, als sei die Fahrtrunde eben vorbeigegangen und man habe die Gefährte dort einfach vergessen. Daneben stand ein riesiges gelbes Riesenrad verlassen im Wald – als man es an seinem Standort errichtete, war da natürlich noch kein Wald, sondern ein funkelnagelneuer Freizeitpark. Ich würde lügen, wenn ich behaupten würde, dass die Szenerie sich nicht anfühlte wie aus einem Endzeitfilm.

An einer anderen Stelle im Wald zeigte Stacy uns ein weiteres Relikt des Kalten Krieges: eine alte Radaranlage der Sowjets, welche mittlerweile nicht mehr in Betrieb und dem Zerfall geweiht ist. Sie türmte sich hoch über uns auf wie eine absurd riesige Konstruktion aus mehreren Strommasten und Gerüstteilen. Ein monströses Konstrukt aus Metallstreben und Stahlträgern. Vor diesem mehrere hundert Meter langen Giganten zu stehen, vermittelte das Gefühl, ein kleiner, unbedeutender Mensch zu sein; ein Eindruck, der bei der Errichtung sicherlich kein Zufall war – leider vermögen die Fotos diese beeindruckende Größe nicht wiederzugeben. Vereinzelte Masten der Anlage waren sogar noch in Betrieb bzw. für Mobilfunk umgerüstet worden, weshalb das die wenigen Stellen in der Gegend waren, an denen man in der Sperrzone Handyempfang sowie Internet hatte. Stacy sagte uns, dass es sich bei dieser Anlage um das Radarsystem Duga-01 handele. Die Sowjets errichteten in den 1970er-Jahren mehrere dieser großen Radaranlagen auf dem Territorium der Ukraine. Zweck war ein extrem weitreichender Radar zur Kontrolle des Luftraums, um westliche Langstreckenraketen orten zu können. Immer noch ranken sich Theorien darum, ob man damals noch andere Zwecke mit diesen Radarsystemen verfolgt hatte. Was ja bei der Strahlungsleistung einer solchen Anlage nicht weiter verwunderlich ist. Dennoch war es beeindruckend zu sehen, welch großer und wahnsinniger, wenn nicht zu sagen größenwahnsinniger, Aufwand zu der Zeit betrieben wurde, um die Fronten weiter zu verhärten. Schließlich kann man diese Radaranlagen als Symptom des damaligen Wettrüstens betrachten.

Zum Glück hatten wir uns immerhin noch mit etwas Verpflegung eingedeckt, bevor wir in die Sperrzone gefahren waren. Neben den vielen Checkpoints gab es in der Nähe des Reaktors auch noch eine Kantine für die Arbeiter, die dort heute immer noch ihren Dienst versehen, als einen der wenigen verbliebenen Teile der ehemaligen Infrastruktur, doch die hatte leider geschlossen. So spannend die Tour auch war, zehrten die eisigen Temperaturen und der Schnee an unseren Kräften. Einige der Teilnehmer blieben deswegen immer wieder im Bus sitzen, da es ihnen draußen offensichtlich zu kalt war. Das wäre jetzt eine optimale Gelegenheit, über solche Waschlappen zu lästern – aber geschenkt. Eigentlich sollte man das doch vorher wissen, wenn man sich im Winter zu einer solchen Tour anmeldet, und sich entsprechend vorbereiten. Im Bus zu sitzen und das ganze Spektakel nur durch die getönten Scheiben zu betrachten, kam für mich nicht in Frage. Aber da ich ja wusste, wie kalt es um diese Jahreszeit in der Ukraine werden kann, und getreu dem Motto „es gibt kein schlechtes Wetter, es gibt nur schlechte Kleidung", hatte ich meine Ausrüstung entsprechend zusammengestellt. Zudem war mein Interesse an Tschernobyl und all den kleinen Vororten und Bauwerken zu groß, als dass ich meine Zeit im Bus verbringen wollte. Das Ganze sollte mehr als nur ein „Erledigt" auf der Landkarte meiner Reisen sein. Das Leben ist eben kein Ponyhof und man muss manchmal raus aus der Komfortzone und dahin, wo es weh tut.

Das Herzstück unseres Ausfluges, wenn man das so nennen kann, war natürlich das havarierte Kraftwerk. Mit seinen Bauten, Stromleitungen und Schornsteinen ist es schließlich immer noch als solches erkennbar, trotz des riesigen Sarkophags darüber. Sarkophag. Was für ein absurd zynisches Wort für den milliardenteuren und aus internationalen Quellen bezahlten Deckel, den dieses grauenhafte Loch im Land erforderlich machte. Früher hat man in Sarkophagen edle Herrscher bestattet. Hier dient er dazu, die Welt vor den Folgen eines gravierenden Fehlers im Umgang mit etwas ganz offenbar Unbeherrschbarem zu bewahren. Diese stählerne Halle ist nicht nur berühmt für ihren tödlichen Inhalt, sondern auch dafür, dass sie das größte bewegliche Gebäude der Welt ist. Der neue Sarkophag wurde in einiger Entfernung errichtet und dann vor ein paar Jahren im Schneckentempo über den als unsicher und einsturzgefährdet eingestuften alten Sarkophag über Block 4 des Kraftwerkes gefahren. Bleibt zu hoffen, dass der neue Sarkophag hält, was man damals versprochen hatte. Jedenfalls erinnert dieses riesige Gebäude eher an einen gigantischen Hangar, doch leider geht ihm der symbolische Charakter eines Mahnmales ab. Aber an Mahnmalen mangelt es in der Sperrzone nicht. Mehrere davon wurden in den Jahren nach der

Explosion für die sogenannten Liquidatoren, die – wie auch immer man das macht – die Region von der radioaktiven Strahlung reinigen sollten, und für die Arbeiter des Kraftwerks errichtet. Viele von ihnen, insbesondere von den Arbeitern, die bei der Explosion zugegen waren und in den darauffolgenden Stunden dort noch gearbeitet hatten, überlebten die Katastrophe gar nicht oder teilweise nur noch um wenige Wochen.

Auf unserer Tour liefen uns unzählige Hunde über den Weg. Sie alle waren äußerst anhänglich und kamen sofort auf uns zu gerannt. Was auf den ersten Blick niedlich wirken mochte, hatte in Wahrheit einen traurigen Hintergrund. Die meisten von ihnen waren Streuner, die seit ihrer Geburt als Nachfahren der vielen zurückgelassenen „Reaktorunfall-Haustiere" allein in diesem Gebiet lebten oder sich auf anderem Wege in dieser wilden Hundegemeinschaft eingefunden hatten. Doch statt vollends zu verwildern, haben sie sich einen letzten Rest Zutrauen zu den Menschen bewahrt. Die wenigen Touristen waren in der kargen Landschaft ihre Hoffnung auf etwas Nahrung.

Nach mehreren Stunden Erkundungstour fanden wir uns wieder im warmen Bus ein und ließen all die verlassenen Gebäude, Fahrzeuge und streunenden Hunde hinter uns. Ich kann nicht behaupten, dass es nicht reizvoll gewesen wäre, noch mehr zu besichtigen, doch steckte uns allen inzwischen der eine oder andere Kilometer in den Beinen, so dass es uns nach den vielen verlassenen Dörfern, Städten und Bauwerken am Ende nicht mal mehr lockte, noch weitere Strahlungsmessungen zu machen. Am Abend, als es bereits dunkel war, kehrte unsere kleine internationale Reisegruppe müde und erschöpft, aber glücklich und zufrieden nach Kyiv zurück. Für mich ging es vom Endpunkt der Tour aus direkt in Richtung Bahnhof, von wo ich mit dem Nachtzug nach Kharkiv fahren wollte. Vorher galt es aber noch, mir ein Ticket zu besorgen. Und dafür hatte die glückliche Fügung ihre Finger in Form von einer Begegnung im Spiel. Denn am Bahnhof traf ich auf Natalie aus Kanada – sie wohnt mittlerweile mit ihrem Mann in München – und Daniel aus England, die für den chinesischen Sender CGTN aus der Ukraine berichteten. Die beiden filmten vor dem Bahnhof und so setzte ich ihre Ortskenntnis voraus, als ich sie ansprach. Von der Frage nach dem Fahrkartenschalter entspann sich ganz bald ein Gespräch über ihre spannende Arbeit und ihre Einschätzung der aktuellen Lage. Schnell stellte sich nämlich heraus, dass die beiden für ihre Berichte tief ins Krisengebiet, damals nur im Osten der Ukraine, gefahren waren, um dort Eindrücke zu sammeln, festzuhalten und zu kommentieren. Doch nach unserem viel zu kurzen und dennoch interessanten Gespräch zog ich los, um mein Ticket für den Nachtzug zu nach Kharkiv zu kaufen.

Anschließend machte ich mich auf die Suche nach etwas zu essen und entschied mich für ein georgisches Restaurant direkt gegenüber dem Bahnhof. Kaum hatte ich dort Platz genommen, kamen überraschenderweise Daniel und Natalie herein. Unsere Freude war riesengroß, und so fielen wir uns alle drei um den Hals – nach unserem Zusammentreffen nur wenige Augenblicke zuvor. Wie es der Zufall wollte, war ein Tisch direkt neben meinem frei, wo sich die beiden hinsetzten. Wir aßen und tranken und stellten beim Blick auf die Karte fest, dass die Preise für unsere Verhältnisse sehr günstig waren. Das Essen schmeckte fantastisch. Eine leckere Suppe mit Klößchen und gefüllte Teigtaschen mit verschiedenen Dips. Dazu bestellten wir besten georgischen Rotwein zu einem für uns unfassbar günstigen Preis, hatten auch den einen oder anderen Absacker zusammen und luden uns gegenseitig ein.

Wir sprachen über unsere Pläne und unsere Erlebnisse, und so erzählte ich den beiden von meinen Eindrücken aus Tschernobyl. Sie sagten, dass sie am nächsten Tag weiter nach Kramatorsk fahren würden, einer Großstadt mit etwa 160.000 Einwohnern im Osten der Ukraine in der Nähe der Separatistengebiete in der Oblast, dem Bundesstaat Donezk. Ich erzählte ihnen, dass ich mir ein Ticket für den Nachtzug nach Kharkiv gekauft hatte, wofür ich umgerechnet etwa 25 €

gezahlt hatte. Für ein Ticket in der 1. Klasse. In Deutschland undenkbar, zumal die Deutsche Bahn aus unerklärlichen Gründen auch gar keine eigenen Schlafwagen mehr hat. Das Tolle daran ist ja, dass man am Abend einsteigt und am nächsten Morgen entspannt in einer neuen Stadt aufwacht. Und so war es bei mir auch, denn die Betten (zumindest in der 1. Klasse) sind superbequem, viel bequemer als in den Nachtzügen der ÖBB (Österreichische Bundesbahn), die auch in Deutschland verkehren. Vor allem war es unschlagbar günstig.

Ich freute mich schon so auf die Zugfahrt, dass ich Daniel nun auch angefixt hatte. Er war noch nie mit einem Nachtzug gefahren und sagte dann später zu Natalie, dass sie auf dem Rückweg auch den Nachtzug nehmen sollen, um damit bequem zu reisen und Zeit zu sparen.

Bevor wir uns zum Abschied umarmten und uns mit guten Wünschen für die nächste Zeit in der Ukraine bedachten, bat ich Natalie, noch kurz in ein Video für mich aufzunehmen. Allerdings hielt sie keinen journalistischen Vortrag zur aktuellen Lage im Land, was ich zunächst gedacht hatte. Stattdessen pries sie mit eindringlichem, fröhlichem Blick das tolle und bunte Nachtleben in Kyiv in den höchsten Tönen und lud alle ein, sich selber ein Bild davon zu machen und es zu genießen.

Ich rauchte noch eine Zigarette vor der Tür des Restaurants, während Daniel und Natalie bereits zu ihrem Hotel gegangen waren. Glücklicherweise hatte ich meinen Rucksack währenddessen im Restaurant stehen lassen, denn als ich ihn holte, fand ich auf dem Boden unter unserem Tisch Daniels Kreditkarte. Zum Glück hatten die beiden mir zuvor gesagt, in welchem Hotel sie abgestiegen waren. Ich ging ihnen also zum Hotel hinterher und ließ Daniel von der Rezeption aus anrufen. Er kam runter und traute seinen Augen kaum, hatte er die Kreditkarte doch noch gar nicht vermisst. Seine Freude über meinen Fund war riesig.

Nach dieser glücklichen Fügung und der guten Tat begab ich mich endgültig zum Bahnhof, um von dort meine Reise nach Kharkiv anzutreten.

# Im Nachtzug nach Kharkiv

Äußerlich erstrahlte der Nachtzug in einem fröhlichen Blau, geziert von einem gelben Streifen, der horizontal von links nach rechts verlief.
Natürlich möchte ich an dieser Stelle nicht vorenthalten, dass die Abteile auch in der 1. Klasse durchaus minimalistisch eingerichtet waren. Unter dem Fenster befand sich ein kleiner Ausklapptisch, während an den Längsseiten die Betten angebracht waren. Sie dienten gleichzeitig auch als Sitzmöglichkeit beim Essen. Die Wände waren geziert mit einer hellbraunen Holzvertäfelung, die sich auch auf dem Gang so fortsetzte. Charmante beige-braune Vorhänge rundeten das Interieur des Abteils ab.
Auf den Gängen zwischen den Abteilen konnte es indes schon einmal eng werden, wenn sich zwei Menschen begegneten und aneinander vorbei wollten. Jeder, der schon einmal mit einem Nachtzug oder auch nur mit einem Zug mit abgetrennten Abteilen gefahren ist, weiß, wovon ich spreche. Trotzdem gibt es in den Gängen der ukrainischen Züge deutlich mehr Platz als in deutschen bzw. westeuropäischen Zügen, da die Ukrainer, so wie die meisten ehemaligen Sowjetländer, eine breitere Spur und damit auch mehr Platz in den Waggons haben.
Hätte ich vorher gewusst, was für Temperaturen im Inneren des Zuges herrschten, so hätte ich

ätherische Öle mitgenommen, dann hätten wir in unserem Abteil einen Saunaaufguss durchführen können, so warm war es in unserem Zug und dem Abteil. Man versprach mir jedoch, dass es, sobald der Zug losfahren würde, etwas kälter werden würde. Vorher wurde ein Kommentar meinerseits dazu vom Bahnpersonal nur mit den Worten „Yeah, it's normal" abgewunken. Naja, immerhin besser, als bei Temperaturen weit unter dem Gefrierpunkt zu schlafen, die nachts draußen herrschten. Zumindest aber die Betten in dem ukrainischen Zug habe ich als sehr bequem empfunden. Ich habe jedenfalls super geschlafen. Das lag vielleicht auch daran, dass mein Abteilnachbar aus der Türkei nicht geschnarcht hat – oder wenn doch, dann bin ich vor ihm eingeschlafen und habe es wohl nicht mitbekommen.

Diese Nacht schlief ich wie ein Stein und wachte am nächsten Morgen ausgeschlafen und gut gelaunt in meinem kleinen Abteil auf. So kam ich am Sonntagmorgen in Kharkiv mit dem Nachtzug aus Kyiv an.

# Streifzüge durch Kharkiv

Über Couchsurfing hatte ich mich dort mit Yurii verabredet. Allerdings hatte ich noch keine Nachricht von ihm, also schaute ich mich nach einem WiFi-Hotspot um und wurde so auf die Ukrainische Café-Kette „Aroma Kava" aufmerksam. Dort gibt es auch kostenloses WiFi, quasi der „heiliger Gral", wenn man in der heutigen Zeit als Reisender außerhalb der EU unterwegs ist. Das Café gewinnt sicherlich keinen Schönheitspreis; der Tresen, hinter dem die Mädels (und ja, Mädels ist in dem Fall wirklich passend, da beide sicherlich noch keine zwanzig waren) arbeiteten, war ein kleiner abgetrennter Bereich, der von oben bis unten vollgestopft war mit Kaffeemaschinen, Kochtöpfen, Getränkeflaschen und vielem mehr. Nach einem kräftigen Kaffee, und nachdem ich immer noch nichts von Yurii gehört hatte, beschloss ich, mich nach einem Hostel in der Nähe umzuschauen. Obwohl es erst früh am Morgen war, wollte ich eine kleine Sicherheit in der Hinterhand haben und mich rechtzeitig um einen Schlafplatz und um einen Ort kümmern, an dem ich mich aufhalten und meine Sachen abladen konnte. Schließlich wollte ich nicht ewig im Aroma Kava rumstehen, und um draußen längere Zeit zu sitzen, war es mir einfach deutlich zu kalt. Frische Luft hin oder her.

Hi Yurii,

I am Miguel and I am easygoing. I would like to take the night train from Kiev to Kharkive an I am happy if you are able to host me for two nights. Is it easy going to Kharkiv or is not possible according to russian troops so close to the border? I am looking forward for your feedback an I am also happy for any advice. You can also text me on whatsapp ore signal: +49-███████████

cheers
Miguel

Hi Miguel!
I guess it is possible.

It is going good in Kharkiv:)
I can come and proof it.

Hi Yuri, do are located close to main station. I will take the night train from Kiev so I think I will be in Kharkiv early in the morning, around 8 o'clock in the morning.

this is my location:
https://goog.l/maps/███████████

easy to reach by metro. 15 min from train station

Nach einer kurzen Onlinesuche, dem WiFi sei Dank, fand ich direkt das Station Hostel am Bahnhof. Ich trank meinen Kaffee in Ruhe aus und schlenderte in die Richtung des Hostels, das nur fünf Minuten vom Aroma Kava entfernt liegen sollte. Kurz verweilte ich auf meinem Weg dorthin vor dem Bahnhof, den ich bei meiner Ankunft schon bemerkt hatte. Er sah wirklich sehr imposant aus. Ein großes gelb-weißes Bauwerk mit Putten, Stuck und Kapitellchen, dessen säulengezierter Haupteingang links und rechts von zwei eckigen hohen Türmen flankiert wurde. Er sah genau so aus, wie man sich die sowjetischen Prachtbauten vorstellt oder wie man sie sogar kennt. Doch schließlich kam ich im Station Hostel an und buchte mir ein Bett im Dorm. Danach schlenderte ich durch die Porzellanausstellung zu meinem morgendlichen Meeting zur Entspannung. Während des Meetings meldete sich Yurii per WhatsApp, und so kam ich tiefenentspannt von meinem Meeting zurück und teilte den beiden Mitarbeiterinnen des Station Hostels mit, dass ich mein Bett im Dorm nun doch nicht mehr benötige, es aber selbstverständlich bezahlen würde. Sie meinten nur, dass es okay wäre und ich es nicht bezahlen müsse. Ich hatte mich ja auch keine 30 Minuten im Hostel aufgehalten. Ich bedankte mich aufrichtig bei den beiden Mitarbeiterinnen des Hostels und ließ mir von Yurii per WhatsApp erklären, wie ich vom Hostel aus mit der Metro zu ihm käme. Wir verabredeten uns an der Metrostation Puschkin Street und wenig später holte Yurii mich dort ab. Unser Zusammentreffen begannen wir mit einem Frühstück bei Yurii zuhause, bevor die Tour losging und er mir seine Stadt – sein Kharkiv – zeigte. Den wahrscheinlich bizarrsten Anblick, vor allem in Anbetracht der damaligen politischen Lage dort, lieferte das Konsulat der russischen Botschaft. Direkt gegenüber hatten die Ukrainer ein Schild angebracht, auf dem prominent zu lesen war, wie lange Kharkiv im Vergleich zu anderen Städten durchgehalten hatte. Russland wiederum ließ diese Geste nicht unbeantwortet und hatte seinerseits ein riesiges Plakat der russischen Armee am Gehweg der Botschaft platziert.

Die Tour ging dann weiter zum Maxim-Gorki-Park, wo ich Yurii zu einer Runde mit dem Riesenrad einlud. Ein schöner Überblick über die Stadt sollte sich bieten – und wäre bei Sonnenschein und grünen Bäumen sicherlich ästhetischer gewesen als in dem derzeitigen Wintergrau.

Als wir dort waren, fragte ich Yurii nochmal genau: Ist das jetzt echt der Maxim-Gorki-Park? Und er fragte ganz nüchtern: Ja – wieso? Da erzählte ich ihm eine Anekdote, weil es dazu aus Deutschland eine ziemlich geile Story gibt: Dass nämlich die AfD, das ist eine deutsche rechte, verfassungsfeindliche, gegen die Maskenpflicht und für anderen Unsinn gerichtete und faschistische Partei, die eine Anfrage im Landtag von Sachsen gestellt hatte, mit der sie ihre Unwissenheit offen kundgetan hatte. Sachsen ist eines unserer neuen Bundesländer, auf das wir nach der Wiedervereinigung rückblickend ganz gerne verzichtet hätten, sagte ich ihm weiter. Die Anfrage lautete wie folgt: „Gab es im Mai 2016 im Maxim-Gorki-Park eine Vergewaltigung eines deutschen Mädchens durch einen Flüchtling?" Und bei Anfragen aus den Fraktionen muss die Landesregierung dann auch darauf antworten. Was die Landesregierung nach einigen Wochen auch tat: Der Staatsregierung ist im Freistaat Sachsen kein Maxim-Gorki-Park bekannt. Peinlich, aber nicht weiter verwunderlich bei dieser Partei, für die ich nur Verachtung übrig habe.

Wie auch immer: Von ganz oben hatten wir aus dem Riesenrad einen unglaublichen Ausblick auf Kharkiv, die kargen Nadelwälder und die unzähligen Wohnblöcke in der Peripherie der Stadt. Das Wetter zeigte sich nicht unbedingt von seiner besten Seite. Dichte Wolken bedeckten den Himmel und ließen die ohnehin schon triste, graue Stadtlandschaft noch farbloser erscheinen. Dennoch ermöglichte die flache Landschaft ohne viele Erhebungen oder Berge einen Blick bis zum Horizont. Und es war trotz des grauen Winterwetters ein insgesamt schönes Erlebnis, zu dem Yurii unermüdlich seine Stadt von oben zeigte und dazu Details zum Besten gab.

Von oben entdeckte ich ein Stadion und sagte zu Yurii: „Da will ich hin." Nach unserer Fahrt mit dem

Riesenrad gingen wir also aus dem Park und über die Straße zum Stadion, in dem der Schnee sich auf dem Rasen sowie der Tribüne türmte. Ich sagte zu Yurii, er solle mal eben abchecken, dass wir da rein können. Gesagt, getan. Jedoch war die Antwort eher ernüchternd – nein. Schade. Enttäuscht drehten wir ab und wollten unseren Gang durch die Stadt fortsetzen, als uns der Stadionwärter irgendwas auf Ukrainisch zurief. Auf jeden Fall konnten wir dann mit ihm zusammen doch noch ins Stadion rein, ich durfte aber keine Fotos machen. Wahrscheinlich wunderte er sich, was es für diesen Touristen so Besonderes daran gebe, sich dieses Stadion anzuschauen und hatte am Ende dann Mitleid. Auf jeden Fall schien die Idee dem Stadionwärter dann doch zu gefallen, denn er hörte ja gar nicht mehr auf zu erzählen. Schade, dass ich nicht mal die Hälfte davon verstanden habe und Yurii auch nicht alles übersetze. Nach der Besichtigung verließen wird das Stadion, und da es mir bei der weiten unberührten Schneefläche im großen Stadion schon in den Fingern gejuckt hatte, sagte ich zu Yurii: „Ein Schneeengel muss noch sein!" Ich musste nur noch die passende Schneefläche dafür finden. Doch die bot sich bald. Denn als wir weiterliefen, fanden wir hinter dem „großen" Stadion noch ein kleineres, welches aber unbewacht war. „Halte dich bereit", sagte ich zu Yurii, denn natürlich wollte ich den Schneeengel in meinem WhatsApp-Status teilen, und so bin ich mit ein paar schnellen Schritten auf das Fußballfeld gestapft, habe mich in den Schnee geworfen und einen Schneeengel gemacht.

Gegen Mittag trafen wir dann uns dann mit Ksenia, einer Freundin von Yurii, die vor kurzem für einige Monate selbst in Deutschland gelebt hatte und somit ganz passabel Deutsch sprach. Unsere Tour setzten wir daher zunächst zu dritt fort. Zusammen gingen wir dann noch in ein altes Gotteshaus, eine orthodoxe Kirche, in der sehr viele Menschen Kerzen angezündet hatten und ihre Gebete vorbrachten. Diese schlanken, langen Kerzen waren auf einer Art goldenem Podest angebracht, und durch die Reflektion der Flammen an der vergoldeten Oberfläche wurde der Innenraum der Kirche in ein warmes gelbes Licht getaucht. Trotz der Kälte, die in diesem großen Gebäude fast den Temperaturen draußen entsprach, war es eine warme, freundliche und friedliche Atmosphäre.

Abends gingen wir beide dann zunächst getrennte Wege. Yurii musste zum Volleyball-Training, weshalb ich stattdessen mit Ksenia noch ein wenig die Stadt erkundete. Später am Abend verabschiedete auch sie sich dann von mir, sodass ich vorerst auf mich allein gestellt war. Mein Weg führte mich in die „Brobar", meiner Empfindung nach ein kleiner, beliebter Treffpunkt für junge Leute, an dem es Getränke und Burger gab. Die Sprachbarriere erwies sich allerdings als größer als vorerst angenommen. Ich war immerhin mittlerweile sehr weit im Osten der Ukraine. Englisch oder Deutsch sprachen hier nicht wirklich viele Leute und Russisch oder Ukrainisch beherrschte ich hingegen eher schlecht. Und so wurde aus einer einfachen Nachfrage, ob ich den Sekt zuerst probieren könne, bevor ich eine ganze Flasche kaufe, eine mehrere Minuten andauernde Konversation mit Händen und Füßen.

Glücklicherweise konnte mir letztendlich ein junges Paar am Nachbartisch weiterhelfen und als Dolmetscher agieren.

Ein sehr interessantes Gespräch führte ich dort bei einer Zigarette vor der Tür noch mit einem jungen Ukrainer, der in der Nähe als Kernphysiker arbeitete. Ich fragte ihn, warum er mit seiner Expertise nicht nach Frankreich oder in ein anderes wohlhabendes Land auswandern würde, wo die Bezahlung um ein Vielfaches höher wäre als in der Ukraine, wo das Durchschnittsgehalt umgerechnet gerade einmal 400 € betrug. Der Mann winkte nur lächelnd ab. Er lebte als gebürtiger Ukrainer sehr gerne hier und verdiente für die hier herrschenden Verhältnisse gut genug. Diese Einstellung beeindruckte mich, da er keinesfalls auf das Geld fixiert war, sondern andere Werte als deutlich wichtiger einschätzte. Das bestätigte sich auch auf meine Nachfrage hin, was er tun würde, wenn sich der Konflikt im Osten der Ukraine weiter verschärfte. Er würde natürlich hierbleiben und sein Land verteidigen. Ob er das inzwischen tut oder nicht, weiß ich nicht. Trotzdem war es wirklich eine lehrreiche Erfahrung, so klare Worte von einem Mann, der sich am Ende seiner Zwanziger befindet, zu hören. Wir waren doch in Deutschland in den letzten Jahrzehnten nie ansatzweise mit einer solchen Situation konfrontiert gewesen. Ich kann nicht behaupten, dass ich dasselbe ebenso selbstverständlich auf die Frage antworten würde wie dieser junge Mann, wenn sie mir jemand in Bezug auf Deutschland stellen würde. Ich kann aber ziemlich sicher sagen, dass ich für Deutschland nicht in den Krieg ziehen und sterben würde. Allerdings würde ich für unser Europa ohne Grenzkontrollen und mit einer einheitlichen Währung kämpfen, da ich als Reisender diese Vorzüge nicht mehr missen will. Ich lebe in Deutschland, bin aber in Europa zu Hause.

Kurz nach diesem denkwürdigen Gespräch traf dann Yurii ein, der auch noch eine Freundin eingeladen hatte, die beim ukrainischen Militär arbeitete. Wir saßen lange in freundlicher Runde zusammen, bevor die Bar gegen 23 Uhr zumachte und wir unseren Gesprächsort wohl oder übel verlegen mussten. Da ich in dieser Nacht sowieso bei Yurii schlief, lag es nahe, dass wir dorthin gehen würden. Allerdings machten wir zuvor noch einen kurzen Abstecher in den Supermarkt. Wieder bei Yurii zu Hause angekommen, bestellten wir uns erstmal eine leckere Pizza – zumindest dachte ich das. Tatsächlich war sie mit Birnen belegt, was definitiv nicht meins war. So schlägt einem die Esskultur schon mal ein Schnippchen. Dennoch war es ein insgesamt super Abend, denn wir saßen noch bis tief in die Nacht beisammen und erzählten uns lustige Geschichten aus dem Leben, während der Alkohol in Strömen floss.

Yuriis Freundin vom Militär, die auch bei ihm übernachtet hatte, wollte eigentlich schon vorbildlich um 8 Uhr auf der Arbeit erscheinen, doch schaffte sie es erst um 8:30 Uhr, sich müde aus dem Bett zu schälen und sich auf den Weg zu machen. Yurii und ich hingegen hatten Glück: Wir hatten zeitlich keinen Stress und frühstückten erst nach 11 Uhr Cornflakes mit heißem Wasser, bevor ich mich bei ihm für die tolle Gastfreundschaft bedankte und mich in Richtung Metrostation verabschiedete.

Am Bahnhof ging es für mich erstmal zum internationalen Schalter. Ich war erfreut, als ich hörte, dass sie hier einen solchen haben. Aber meine Freude war nur von kurzer Dauer, da die unfreundliche Dame hinter der Glasscheibe sich dem allgemeinen „guten Ton" anpasste: Irgendwie sind die Eisenbahner an den Ticketschaltern dort alle unfreundlich, wenn man weder Ukrainisch noch Russisch spricht. Insofern war eine Kommunikation auf Englisch so gut wie nicht möglich, am internationalen Ticketschalter wohlgemerkt. Aber sie hat auch so verstanden, dass ich den Zug nach Kyiv um kurz nach 13 Uhr nehmen möchte und mir dafür ein First-class-Ticket kaufen will. Nach einer Erklärung auf Ukrainisch, die ich natürlich nicht verstanden habe, konnte ich auch das Ticket kaufen und mich zum Bahnsteig begeben, wo der Zug bereits abfahrtbereit wartete und pünktlich um 13:05 Uhr losfuhr. Ich fragte meine nette Sitznachbarin, ob der Zug denn WiFi habe, da mir ein Netz angezeigt wurde. Das verneinte sie und meinte, dass man da nur Filme auf Ukrainisch anschauen kann. Da ich nach den paar Tagen noch keine großen Fortschritte dabei gemacht hatte, die Sprachbarriere zu verkleinern, kam diese Art der Unterhaltung für mich nicht in Frage, und so setzte ich meine Bluetooth-Kopfhörer auf und hörte Musik von meinem Handy, während der Zug durch die verschneite Winterlandschaft gen Kyiv fuhr.

Etwa auf halber Strecke sah ich auf einem Verladebahnhof drei Panzer der ukrainischen Armee auf einem Eisenbahnwagon abfahrbereit verladen – es fehlte lediglich die Lokomotive, die sie nach Osten, woher ich gerade kam, an die Front bringen sollte.

Beeindruckend war auch der Güterbahnhof, kurz bevor wir am Hauptbahnhof in Kyiv ankamen. Auf dem riesigen Gleisfeld sah ich zwar keine Menschen arbeiten, doch rollten ein paar Waggons wie von Geisterhand auf den Schienen. Man ließ sie einfach ein leichtes Gefälle hinabrollen und unten fanden sie sich dann gezielt auf dem richtigen Gleis ein. Sonderbar, dass niemand dabeistand, um den ganzen Vorgang zu beobachten und überwachen, wie es in Deutschland üblich gewesen wäre, aber ich war eben nicht in Deutschland, sondern im größten Land Europas – der Ukraine.

## Zurück in Kyiv

In Kyiv kamen wir pünktlich, auf die Minute genau, an. Das ist noch so eine Sache, von der sich die Deutsche Bahn eine dicke Scheibe abschneiden kann.

Als ich bereits im Dunkeln den Zug verließ, schlug mir die Kälte mit voller Wucht entgegen. Ich machte mich also mit meinen beiden Rucksäcken unverzüglich auf: die Treppen hinauf und rein in das warme Bahnhofsgebäude, wo ich mich erstmal orientierte und überlegte, was ich denn heute Abend essen wollte. Den Georgier kannte ich ja schon, der sich als fußläufiger Zufallsfund direkt gegenüber vom Bahnhof erwiesen hatte. Neben der Frage nach der Verpflegung stellte sich zusätzlich noch die nach einem Schlafplatz für die Nacht, also entschied ich mich, diesmal etwas in Richtung Innenstadt zu suchen und dort etwas für beide wichtige Bedürfnisse zu finden. Ich ahnte natürlich nicht, dass die Suche nach einer Unterkunft so langwierig werden würde.

Ich lief also über den Bahnhofsvorplatz und sah dort, wie ein offensichtlich betrunkener Mann Leute im Vorbeilaufen anpöbelte. Leider verstand ich kein Wort, aber ich dachte mir: Manches ist eben überall gleich – oder anders formuliert: Same shit like in good old Germany.

Auf einmal sah ich aus dem Augenwinkel, wie ein Mann dem Pöbler im Vorbeilaufen mit der Faust ins Gesicht schlug, dann war Ruhe und man hörte nichts mehr von dem Betrunkenen. Eine krass rabiate Vorgehensweise, dachte ich mir, aber – okay.

Allerdings hatte ich ja keine Ahnung, welche Worte der Besoffene gewählt hatte. Vielleicht war der Schlag ja gerechtfertigt, wenn man das so sagen kann, vielleicht auch überzogen. Ich zog es jedenfalls vor, mich schnell in das nahegelegene Food-Plaza zu begeben, denn wer weiß, was hier noch so alles passierten würde.

Im Food-Plaza gab es dann neben einer ordentlichen Mahlzeit auch WiFi und ich suchte mir in aller Ruhe ein Hostel in der Nähe aus. Ich fand dort eine Unterkunft mit einem recht günstigen Einzelzimmer für 10 € die Nacht, welches ich mir sofort buchte.

Das Hostel war relativ nah, nach einem 15-minütigen Fußmarsch kam ich auch da an und wollte einchecken. Leider sprach die Inhaberin des Hostels nicht wirklich Englisch oder Deutsch, aber die anderen Gäste, und außerdem war auch noch ein anderer deutscher Gast dort. Ich wollte das Zimmer gerade bezahlen, als mir gesagt wurde, dass das Hostel um 24:00 Uhr schließt und ich bis dahin wieder da sein müsste, weil ich sonst nicht mehr reinkommen würde. Die Gegend, in der das Hostel liegt, ist wohl nicht die sicherste. Das war für mich so natürlich nicht akzeptabel, weil ich mich nicht einschränken wollte. Ich hatte zwar noch keine konkreten Pläne für die Abendgestaltung, doch wollte ich es mir offenhalten, wann ich den Abend beenden wollte. Ich erfuhr, dass ich die Hostel-Ownerin per Viber anrufen könne und sie dann die Tür aufmachen würde, da sie auch hier schläft bzw. wohnt. Das war mir zu heikel, und so lehnte ich dieses Angebot ab und sagte, dass mir das zu unsicher sei, weil sie kein Englisch spricht und ich dann keine Lust habe, nachts bei Temperaturen weit unter dem Gefrierpunkt draußen schlafen zu müssen, weil sie nicht hört, wenn ich anrufe und außerdem hatte ich keine Lust, mir die Viber-App aufs Handy zu laden. Also checkte ich wieder aus beziehungsweise gar nicht erst ein. Die Inhaberin bat mich, das Zimmer unbedingt zu stornieren, damit jemand anders es buchen kann. Ich sagte ihr, dass ich das gerne machen würde, dass ich aber den Tarif, den ich gewählt hatte, nicht stornieren könne und booking.com meine Kreditkarte sowieso belasten würde. Aber sei's drum, ich tat ihr den Gefallen und schrieb eine kurze Stornoanfrage, die wider Erwarten auch angenommen wurde. Meine Kreditkarte wurde dann zu meiner Überraschung doch nicht belastet, was mich wiederum freute. Allerdings hatte sich damit das Problem mit der Unterkunft für diese Nacht immer noch nicht erledigt – ich hatte keinen Schlafplatz für die Nacht, es war bereits 20:00 Uhr und draußen inzwischen einige Grad unter null. Diese Rechnung ging also bisher nicht zu meinen Gunsten auf.

Ich ging also wieder in Richtung Bahnhof zurück, wo ich auf dem Hinweg zwei Hostels gesehen hatte. Diesmal wollte ich mir direkt vor Ort ein Bild machen, wie es dort aussieht und ob sie noch ein Bett für die Nacht frei hätten. Im ersten Hostel sagte man mir, dass sie komplett ausgebucht seien. Also eine neuerliche Pleite. Bei meiner zweiten Anlaufstelle hatten sie jedoch noch ein Bett im Dorm frei, leider gab es dort kein Einzelzimmer. Egal, dachte ich mir, Hauptsache ein Bett, und äußerte den Wunsch, mir vor der Buchung den Dorm anzuschauen. Die Hostelbesitzerin zeigte mir das Bett im Dorm, doch schlugen mir, als sie die Tür aufmachte, bereits eine Hitze und ein Gestank wie im Pumakäfig entgegen. Ganz kurz durchzuckte mich der Gedanke: Lieber im Hilton für mehrere hundert Euro als hier drinnen. Für mich war jedenfalls klar: Hier kann und will ich nicht schlafen.

Unverrichteter Dinge zog ich also wieder von dannen und lief etwas planlos, frustriert, aber noch nicht entmutigt durch die Stadt auf der Suche nach einem netten Café, wo ich mich wieder ins WiFi einloggen konnte. Das mobile Datenvolumen – dem deutschen Netzanbieter sei Dank – ist ja im Ausland außerhalb der EU einerseits völlig überteuert und war andererseits auch schon aufgebraucht, aber das ist ja auch kein Wunder bei exorbitant hohen Preisen. Naja, wie dem auch sei: Ich fand ein gemütliches Café, welches sogar eine Art Coworking-Space enthielt. Ich schrieb also Leon, der mir schon am Flughafen erzählt hatte, dass er ein schönes Hotel bzw. Appartement für seine Verlobte und sich gebucht hatte. Leon antwortete prompt und nannte es mir, und ich fragte dort sofort an – und ich hatte Glück, denn sie hatten noch ein Zimmer frei. So billig wie im muffigen Hostel würde ich nicht davonkommen, das war mir klar: Das Zimmer kostete mehr als doppelt so viel wie das Einzelzimmer im Hostel. Ich wollte meinen Abend lieber mit anderen Dingen verbringen und hatte nach meinen vergeblichen Versuchen jetzt keine Lust mehr weiterzusuchen. Das Hotel lag auch direkt in der Nähe. Also sagte ich zu, dass ich das Zimmer für 25 € nehmen würde. Das Hotel hieß FireInn und trägt den Namen, weil es sich interessanterweise in den Stockwerken oberhalb von einer Feuerwache befindet. Es war ein klassizistischer Bau mit filigranen Geländern, Säulen und geschwungenen Fenstern, der glücklicherweise kein Opfer verschlimmbessernder Sanierungsmaßnahmen geworden war. Das untere Stockwerk war dominiert von den großen, bogenförmigen Doppelflügeltoren, hinter denen sich die Einsatzfahrzeuge der Feuerwehr befanden.

Begrüßt wurde ich an der Rezeption von einer Ukrainerin, die auch in ihren Dreißigern war. Ich checkte ein und bekam meinen Zimmerschlüssel. Doch als ich die Treppen zu meinem Zimmer hochgegangen war und den Schlüssel ins Schloss gesteckt hatte, passierte das, was nicht passieren sollte. Ich schloss die Tür auf und blieb beim Reingehen mit meinem großen Rucksack am Schlüssel hängen. Offensichtlich mit so einer großen Wucht, dass er abbrach und der Rest davon im Schloss stecken blieb. Das hatte mir ja gerade noch gefehlt nach der nervigen Suche nach einem Bett für die Nacht.

Ich musste also runter zur Rezeption und melden, dass der Schlüssel kaputt war. Die Frau dort wusste auch nicht so recht, was sie jetzt machen sollte. Ich machte ihr das Angebot, jemanden in Deutschland anzurufen, der sich damit auskennt. Dazu fragte sie nur, wie uns das hier denn helfen solle. Wir schauten uns beide planlos und ratlos an. Dann ging sie weg und kam wenig später mit einem Werkzeugkasten und ihrem Handy wieder. Und sie machte sich an die Arbeit. Ich schaute sie ganz erstaunt an, doch sie meinte nur: YouTube-Tutorial. Ich konnte es erst nicht glauben. Doch nach nicht einmal zwei Minuten hatte sie den Rest des abgebrochenen Schlüssels entfernt und ich konnte endlich mein Zimmer beziehen.

Sie händigte mir einen zweiten Schlüssel aus mit dem Hinweis, diesen bitte nicht auch noch kaputt zu machen, da sie keinen weiteren hatte. Ich war zu allererst erleichtert und froh, wie unkonventionell sie das Problem gelöst hatte – und auch erfreut darüber, dass ich für den kaputten Schlüssel nicht aufkommen musste.

Ich legte mich aufs Bett und schrieb Leon, denn ich wusste ja, dass er immer noch in Kyiv und damit vielleicht gerade auch hier im Hotel sein würde. Ich hatte Recht, er war noch da und wollte unbedingt mit Oksana in eine Karaokebar gehen. Ich schloss mich den beiden an, und so trafen wir uns wenig später. Mit einem Uber-Taxi fuhren wir zu einer Karaokebar, die er online ausfindig gemacht hatte und die in unserer Nähe war. Als wir auf dem Areal ankamen, war relativ klar, dass Leon sich hier etwas sehr Nobles ausgesucht hatte. Das Gebäude machte einen sehr pompösen und mächtigen Eindruck – moderner Eklektizismus, vielleicht so etwas wie eine Mischung aus einen Fantasy-Film und Neo-Klassizismus.

Vor dem Eingang der Karaokebar begegneten wir zunächst einer Katze – natürlich nicht einer vierfüßigen, sondern einer sexy Ukrainerin im Katzenkostüm, die Werbung für eine Tabledance-Bar in der Nähe machte. Irgendwie ein skurriler, aber auch schöner Anblick bei Temperaturen im einstelligen Bereich unter dem Gefrierpunkt. Leon und ich wollten nun natürlich in die Tabledance-Bar, aber seine Verlobte war von der Idee so gar nicht begeistert. Also gingen wir, nachdem wir ein gemeinsames Foto mit der schwarzen Katze gemacht hatten, in Richtung der Bar, wo man auch Karaoke singen konnte.

Am Eingang wurden wir von freundlichen Türstehern empfangen. Die waren froh, dass endlich mal wieder Gäste kamen, denn in dem Laden war schon von außen zu erkennen, dass nicht wirklich etwas los war drinnen. Allerdings wurde uns erstmal gesagt, dass wir hier Eintritt zahlen sollten. Das ging mir gegen den Stich, und so sagte ich zu Leon und Oksana, dass ich eigentlich nicht vorhatte, Eintritt zu zahlen, nur um in eine Bar zu kommen. Das mache ich in Deutschland nicht und in der Ukraine auch nicht, da habe ich eben meine Prinzipien. Nach einer kurzen Diskussion gab ich aber nach. Allerdings ahnte ich schon, dass das hier offenbar ein sehr teurer Abend werden würde und sagte Leon, dass er zuerst die Karte checken und dann bestellen solle, denn sonst könnte es ein böses Erwachen geben.

Doch Leon wollte unbedingt hinein, wollte er doch seine Oksana besingen. Also holte der Türsteher den Manager, den ich durch mein Verhandlungsgeschick nach wenigen Sätzen bereits überzeugt hatte. Geht doch. Mit ein bisschen Köpfchen kommt man eben auch so underdressed wie wir waren in eine gehobene Karaokebar.

Der Raum, in dem gesungen wurde, war zwar relativ düster, aber schick ausgestattet: Kleine Tische, an denen es sich die weniger

Sangesfreudigen gemütlich machen konnten und von dort aus die Bühne aber gut im Blick hatten. Für die wagemutigen Sänger standen auf der Bühne zwei Mikrofone und an jeder Wand rings um die Bühne herum hingen die Bildschirme, auf denen die Songtexte der von uns ausgesuchten Lieder liefen. Ein Highlight war dann noch der Bühnenboden, durch dessen transparenten Belag die ganze Szenerie von unten mit wechselnden bunten Lichtern beleuchtet wurde. Alle paar Sekunden leuchtete der Boden in verschiedenen Farben auf.

Wir checkten zuerst die Karte und bestellten uns etwas zu trinken, ehe Leon und ich uns auf die Bühne wagten. Und schon kurze Zeit später tönten unsere Stimmen durch den Raum – und ja, auch wenn ich dort mit ihm auf der Bühne stand, letztlich sang er tatsächlich für Oksana. Und zwar nur für seine Oksana. Das Absurde an dieser Karaokebar war nämlich, dass außer uns dreien und der Frau hinter dem Pult niemand anwesend war. Doch Leon war glücklich, da er für seine Verlobte singen konnte.

Wir hatten uns gemeinsam einen wirklich schönen Abend gemacht – sogar der Tatsache zum Trotz, dass die Getränke im Vergleich zu anderen Lokalen etwas teurer waren und dass wir einige Zeit lang die einzigen Gäste blieben. Vielleicht schreckte der obligatorische Eintritt potenzielle Besucher ab, die dann aber auch keine Getränke konsumieren würden. Etwas später kamen noch zwei junge Frauen hinzu, aber wir sind dann trotzdem nicht mehr lange geblieben. Der Besuch der Karaokebar war nicht als abendfüllendes Programm geplant und außerdem hatten wir ja bereits ausgiebig gesungen. Jedenfalls sind wir nach zwei oder drei Liedern schließlich wieder gegangen.

Nach dem Besuch der Karaokebar wollten Leon und ich noch einmal nach der sexy Katzenlady sehen. Die junge Frau stand in ihr nicht gerade für den Winter geeignetes Kostüm gekleidet immer noch in der Kälte. Ein bisschen leid hat sie uns schon getan. Die Temperaturen da draußen waren ja wirklich unangenehm.

Wir fragten die Katze nach den Eintrittspreisen für die Tabledance-Bar. Wir waren, als sie uns diese nannte, sehr erstaunt, denn sie waren deutlich höher als erwartet. Außerdem war der Eintritt für Frauen, und damit auch für Oksana, die wir natürlich nicht draußen stehengelassen hätten, fast dreimal so teuer wie für Männer. Aber Oksana hatte ja von Anfang an gesagt, dass sie keine Lust hätte, da reinzugehen. Und angesichts der Preise war dann schnell klar, dass wir dies auch nicht tun würden. So bestellten wir uns wieder ein Uber-Taxi, welches uns zurück ins Hotel brachte. Irgendwie war das dann auch echt okay, denn der Tag war für mich schon wirklich lang gewesen und die umständliche Suche nach einer Unterkunft hatte an meinen Nerven gefressen. Für diesen Tag war es dann erstmal genug. Ich war doch schon ziemlich durch, als ich die Stufen des Hotels hinaufstieg und war dann ziemlich froh, als ich mich einfach in mein Betten fallen lassen konnte.

Am nächsten Morgen konnte ich ausschlafen und tat dies auch genüsslich und ausgiebig. Kurz nachdem ich wach war, bekam ich eine Nachricht von Leon – Frühstück. Und so verabredeten wir uns auf einen Kaffee. Gemeinsam suchten wir nach einem Café in unserer Nähe. Günstigerweise lag das Hotel an einer Straße, wo es eine Reihe von kleinen Büdchen gab, doch es waren weniger echte Cafés als viel mehr kleine Imbisse oder Kioske, die ein Sortiment an Getränken und kleinen Speisen anboten. Wir fanden dann eine nette Kaffeebude mit ausgezeichnetem Kaffee. Die Enge und die dicht an dicht ausgestellten Waren taten dem guten Start in den Tag keinen Abbruch, denn der Kaffee war überraschenderweise wirklich besonders schmackhaft und verbesserte den Morgen gleich ganz erheblich.

Leon bestand darauf, noch zu frühstücken, bevor wir den Tag richtig beginnen würden. Und nachdem wir ein paar Salamibrötchen aus Leons Kühlschrank verputzt hatten, machten wir uns auf den Weg in Richtung Stadt. Oksana musste arbeiten und wollte später nachkommen.

Gemeinsam schlenderten wir durch die Stadt und sahen uns in Ruhe um. Schließlich kamen wir zu dem Maidan-Platz, auch Euromaidan genannt. Es war ein beeindruckender Ort. Wer die Nachrichten im Winter 2013 / 2014 verfolgt hat, weiß von den Protesten, die hier stattgefunden hatten. Damals hatte der Präsident die Unterzeichnung eines Abkommens mit der EU verschoben. Daraufhin waren Proteste entstanden, die vor allem auf diesem Platz mitten in der Stadt stattgefunden hatten. Während dieser Proteste, oder vielmehr während der blutigen Auseinandersetzungen ließen mehr als 100 Ukrainer ihr Leben. Als wir uns dort befanden, machte es nicht so einen bewegenden Eindruck wie die Bilder, die damals in den Medien kursierten. Bis auf eine kleine Kundgebung am Rande des Platzes fanden sich dort nur ein paar Menschen, die ihren alltäglichen Dingen nachgingen, die der Zufall auch dorthin verschlagen hatte oder die, so wie wir, einen Spaziergang durch die Stadt machten.

Vor acht Jahren hatte ich allerdings bereits Filme gesehen von diesem Platz, wo sich zu jener Zeit massenhaft Menschen, zusammengedrängt und in Einigkeit protestierend, befunden hatten. Die Bilder waren wirklich beeindruckend gewesen und der Platz hatte für mich immer riesig gewirkt. Es war eine echte Überraschung dort zu stehen. Denn als wir ankamen, wirkte das Ganze gar nicht mehr so groß. Umso beeindruckender war es, mir vorzustellen, wie sich damals all die Menschen hier eingefunden hatten, um für etwas einzustehen. Ich konnte es mir kaum ausmalen und es löste auch einen gewissen Respekt in mir aus. Es war ein mulmiges Gefühl, mir vorzustellen, wie die Menschen hier aufeinandergeprallt waren. Ich beschloss, einige Bilder zu machen, da ich diesen Ort unbedingt festhalten wollte. Auch wenn ich mit den Fotos letzten Endes nicht alles einfangen konnte und diese dem Platz mit Sicherheit nicht gerecht werden. Man muss selbst dort stehen, um ein Gefühl für diesen beeindruckenden Ort zu bekommen.

Während wir über den Platz gingen, sprach uns eine Frau an und bat um eine Spende zur territorialen Verteidigung der Ukraine. Am Anfang waren Leon und ich nicht ganz sicher, ob das eine seriöse Anfrage war und wir wirklich spenden sollten. Leon spricht zwar ein paar Brocken Ukrainisch, doch lange nicht genug, um den Wahrheitsgehalt überprüfen zu können. Man hört schließlich immer wieder, dass Menschen unter besten Falls falschem und schlechtesten Falls vorsätzlich betrügerischem Vorwand Geld aus der Tasche gezogen wird. Die Frau hat unser Misstrauen wohl gespürt. Sie zeigte uns ihren Ausweis, der sie für ihr Geldsammeln legitimierte. Und für uns schien er echt zu sein. Also beschlossen wir, einen kleinen Beitrag zu spenden und der Ukraine zu helfen.

Die Frau bat uns anschießend, doch noch etwas mehr zu spenden. Und es war ehrlich gesagt auch ein bisschen wenig gewesen. In Euro umgerechnet, lag der Betrag um etwa einen Euro. Also haben wir ihr gern noch etwas dazugegeben. Und sie hat sich aufrichtig gefreut.

Unser nächstes Ziel war das Einkaufzentrum am Platz. Man kann nicht wirklich sagen, dass es repräsentativ direkt an diesem berühmten Platz lag, denn genau genommen befand es sich unter der Erde. Die U-Bahn in Kyiv ist etwa 50 bis 100 Meter unter der Erde gebaut, was man an den beeindruckend langen Treppen beziehungsweise Rolltreppen merkt. Und auch das Einkaufszentrum lag unterirdisch. Ich hatte vor, dort so ein bisschen den Touri raushängen zu lassen und vielleicht ein paar Andenken zu finden oder zumindest ein paar Postkarten. Immerhin hatte ich meinen Freunden eine Karte aus der Ukraine versprochen. Doch zu meiner Überraschung gab es diese nirgendwo.

Ich habe mich überall umgesehen, doch es gab tatsächlich keine. Ich habe aufmerksam jeden Laden durchkämmt und scheute auch nicht davor mich durchzufragen, wo ich den welche kaufen könne, jedoch ohne Erfolg. Auf meiner vergeblichen Suche wurde mir sogar angeboten, welche zu drucken und selbst zu gestalten, was ich jedoch dankend ablehnte. Das zeigt zumindest, dass die Idee der klassischen Ansichtskarte hier nicht unbekannt ist, doch materialisierte sich diese schiere Idee für mich nicht. Ich wollte doch nur eine einfache Postkarte mit Bildern von Kyiv und ein paar netten Grüßen darauf. Letzten Endes musste ich dann wirklich ohne Postkarte wieder nach Hause fliegen – nicht mal mit einer solchen, die ich dann in Deutschland hätte einwerfen können. Schon eigenartig, dass es wirklich nirgendwo im Land Postkarten gab, zumindest nicht dort, wo ich danach Ausschau hielt.

Zwischenzeitlich war Oksana auch wieder zu uns beiden gestoßen, sie hatte ihre Arbeit beendet und Leon schickte ihr ein Uber-Taxi, dass sie direkt zu uns brachte. Wir hatten zwischenzeitlich ein schönes georgisches Restaurant gefunden, in dem wir unseren Hunger stillen konnten. Georgien ist ja sowohl für seinen hervorragenden Wein als auch für seine hervorragenden Speisen bekannt, also haben Leon, Oksana und ich uns erstmal einen Rotwein bestellt. Und das Essen dort war tatsächlich ausgezeichnet, wir hatten allerdings auch nichts anderes erwartet. Es war sehr fleischhaltig und ich muss es einfach so mit einem Wort sagen: geil. Das ganze Ambiente war okay, leider war das Restaurant im Keller, aber dennoch war der Raum schön eingerichtet, nur halt ohne Fenster, die Speisekarten sehr ansprechend und mit hübschen Bildern gestaltet und unsere Kellnerin war optisch ansprechend und relativ freundlich. Auf jeden Fall verließen wir vollgegessen und zufrieden den Kellergeorgier und wie eben hier üblich haben wir uns im Anschluss ein Uber-Taxi gerufen. Natürlich genossen Leon und ich noch eine gemeinsame Zigarette bevor wir in das Uber-Auto mit seiner erlobten Oksana einstiegen.

Zu meiner Überraschung hatte mich ein anderer deutscher Reisender kontaktiert, den ich zufällig unterwegs im Hostel getroffen hatte, wo ich mir das Einzelzimmer gebucht hatte, es dann aber vor Ort wieder storniert habe. Er wollte mich besuchen. Ich hatte ihm meine Nummer gegeben, auch wenn ich erst ehrlich gesagt gar nicht so recht wollte. Allerdings hatte er sich danach nicht wieder gemeldet, und ich dachte: Na gut, das hat sich auch wieder erledigt, was ich überhaupt nicht schlimm fand. Umso überraschter war ich über seine Nachricht. Ich sagte also zu und schickte ihm die Adresse, des Firelnns. Kurz darauf kam er vorbei mit einigen Flaschen Bier. Gemeinsam saßen wir in meinem Zimmer und haben uns dann bei Bier doch fast zwei Stunden über unsere Reisen und das Reisen mit dem Rucksack im Allgemeinen unterhalten. Kurzum Backpackerstories miteinander ausgetauscht, und ich habe ihm, da ich ja doch zehn Jahre älter bin als er, ein paar nützliche Tipps mit auf den Weg gegeben, da er in manchen Dingen noch recht grün war hinter den Ohren.

Der letzte Abend vor meiner Rückreise war nun angebrochen. Und gleichzeitig auch der letzte Abend vor meinem Geburtstag. Ich verabredete mich mit Leon. Wir wollten den letzten

gemeinsamen Abend noch einmal nutzen und dabei
auf meinen Geburtstag anstoßen. Denn immerhin
würde ich von dem Tag morgen nicht viel haben. Ich
müsste noch packen und dann war ich fast den
ganzen Tag mit der Heimreise beschäftigt,
klassisch on the road eben, oder in meinem Fall in
the air and on the train. Mir war das nur recht, noch
ein letztes Mal eine schöne Zeit mit Leon zu
verbringen. Also beschlossen wir wegzugehen.
Oksana wollte diesmal nicht mit, also zogen wir zu
zweit los. Weit kamen wir aber nicht, da unweit des
Hotels der Club – die Lounge Mario – war. Ich
wusste nicht so recht, was ich davon halten sollte.
Es sah alles super teuer aus. Und auf mich machte
es dein Eindruck, als wäre nicht alles Geld an
diesem Ort legal. Dennoch gaben wir der Bar eine
Chance. Wir wollten ja schließlich einfach nur was
trinken.

Aber ich muss sagen, das Ganze war schon etwas
protzig. Vor dem Club stand eine Menge teurer
Autos, genauer gesagt SUVs, und der Eingang glich
mehr dem einer Villa. Wir standen in einem noblen
Vorraum mit Dielenboden und einer großen runden
Treppe.

Dort waren wir schon wieder underdressed, zumal
Leon mal wieder seine Lieblingsjogginghose und
seine gute Engelbert-Strauss-Arbeiterjacke
anhatte.

Den Türsteher fragte ich dann, ob ich hier mit
meiner Kreditkarte überhaupt zahlen kann. Statt

auf diese Frage einzugehen, meinte er nur, dass wir hier kurz warten sollen. Diesmal war es Leon, der schon wieder gehen wollte. Ich sagte jedoch nur: Keep cool, ich zeig dir den Laden jetzt einfach und dann können wir immer noch gehen. Wenig später kam eine junge Frau im Hosenanzug die Treppe runter. Wie sich im Gespräch herausstellte, war sie die Verantwortliche für den heutigen Abend. Ich sprach kurz mit ihr, und für den doppelten Eintritt im Vergleich zum gestrigen Abend konnten wir in den Nobelschuppen eintreten.

Wir bemerkten sofort, dass die anderen Gäste um uns herum alle Abendgarderobe trugen. Doch da wir den Eintritt bezahlt hatten, beschlossen wir, uns hinzusetzen und Getränke zu bestellen. Gemeinsam stießen wir mit Bier und Sekt an. Allerdings blieben wir nicht wirklich lange dort.

Vor allem Leon fühlte sich in seiner Jogginghose zunehmend unwohl. Nach kurzer Zeit wurde er unruhig und wollte unbedingt gehen. Ich versicherte ihm, dass wir gehen könnten, wenn ich in Ruhe meinen Sekt ausgetrunken hatte. Ich konnte ihn ja verstehen, doch Hektik wollte ich an diesem Abend nicht aufkommen lassen. Allgemein möchte ich auf einer Reise keine Hektik. Ich reise ja nicht, um Stress zu haben, sondern, um zu entspannen. Der Weg ist das Ziel, oder der Rucksack ist die Reise, wie es so schön heißt.

Nachdem ich dann endlich mein Glas geleert hatte, verließen wir das Mario wieder. Die Getränke waren jetzt auch nicht viel teurer als am Abend davor, aber der entrance fee, wie man so schön sagt, nervt eben einfach, das ist einfach nicht meines. Der Schwabe zahlt nicht gerne einfach so für nichts Eintritt, um dann drinnen noch mehr Geld für Getränke ausgeben zu dürfen.

Als wir im Hotel ankamen, begegnete ich wieder Lena. Sie arbeitete dort an der Rezeption und wir hatten uns schon bei meiner Ankunft unterhalten. Erfreulicherweise hatten wir sofort einen guten Draht zueinander. Und so freute ich mich, sie an meinem letzten Abend in der Stadt, beziehungsweise in der Ukraine, noch mal wiederzusehen. Ich habe sie ein bisschen von der Arbeit abgehalten, denn wir sind auch da sofort wieder ins Gespräch gekommen. Schließlich hat sie mir auch noch zum Geburtstag gratuliert, bevor ich satt, müde und vor allem zufrieden ins Bett ging. Alles in allem war es doch noch ein schöner Abend mit Leon und Lena und der unpassenden Bar zum Trotz.

Und dann brach mit dem Mittwoch auch schon der Tag meiner Abreise an. So, wie es oftmals ist, war auch dieser Abreisetag nicht so spektakulär, spannend und interessant wie die Tage zuvor. Denn eigentlich gibt es über solche Tage nicht viel zu erzählen, außer dass sie vielleicht ermüden oder ihre Längen haben. Erwartungsgemäß war das, sieht man von einer etwas heiklen Fahrt mit dem

Taxi zum Flughafen, auch an diesem Mittwoch der Fall.

Freundlicherweise hatte Leon mir nämlich einen Uber zum Flughafen gerufen. Bevor das Taxi kam, waren wir noch draußen und haben zum Abschied eine geraucht. Ich fand es schade, jetzt doch schon gehen zu müssen. Die Zeit war schneller als gedacht vergangen. Und ich hatte eine wirklich gute Zeit gemeinsam mit Leon und Oksana. Die beiden würden mir fehlen.

Es erstaunte mich wieder mal, was sich aus einer zufälligen Begegnung beim Rauchen entwickeln kann. Rückblickend hatte die Reise einige wirklich interessante Begegnungen und Momente zu bieten. Das ist es, was ich am Reisen so mag: die Möglichkeiten, die sich ergeben und die Menschen, denen man mit offenem Herzen begegnen kann. Was natürlich nur geht, wenn man sich auf solche unverhofften Begegnungen und überraschende Begebenheiten einlassen kann.

Ich checkte also aus. Danach begegnete ich zu meiner Freude noch mal Lena; eine weitere Begegnung, an die ich mich erinnern würde, auch wenn wir nicht so viel Zeit miteinander verbracht hatten.

Lena war etwas verwirrt, mich noch im Hotel zu sehen, da ich ja schon ausgecheckt hatte. Es amüsierte mich, ihren irritierten und erstaunten Blick zu sehen. Ich habe dann die Gelegenheit genutzt, mich noch mal ordentlich von ihr zu verabschieden. Als es an der Zeit war zu gehen, fuhr ich im bestellten Uber zum Flughafen. Dort passierte etwas Seltsames und doch Witziges – allerdings war es erst im Nachhinein so wirklich witzig.

Der Flughafen von Kyiv liegt außerhalb der Stadt in der Nähe des Städtchens Boryspil.

Ich saß im Auto und schaute aus dem Fenster, genoss auf dem Weg zum Flughafen noch einmal die letzten Eindrücke der Umgebung und ließ diese auf mich wirken. Doch auf einmal bemerkte ich, dass das Auto auf einer Straße parallel zum Flughafen fuhr. Im ersten Moment war ich irritiert. Das war nicht der Weg zum Flughafen, dachte ich, und fühlte eine leise Nervosität in mir aufsteigen. Ich sagte dem Fahrer, dass ich zum Flughafen und keine Sightseeingtour in Boryspil machen wollte. Der Fahrer verstand natürlich kein Wort, doch dann hörte ihn fluchen.

Wie sich herausstellte, war der gute Mann falsch gefahren. Ich kann mir allerdings nicht wirklich erklären, wie man sich da verfahren kann, zumal Leon und Oksana über die App ja das Ziel Flughafen eingegeben hatten. Ich habe später sogar noch mit Leon geschrieben und er versicherte mir, er habe dem Fahrer genau gesagt, wohin er fahren solle und dies über die App eingegeben. Aber wie dem auch sei, ich kam am Flughafen an und hatte noch genügend Zeit, um meinen Rucksack abzugeben und mir etwas zu Essen zu holen. Da die Auswahl nicht riesig war, dafür die Preise aber sehr moderat, zumindest im Vergleich zu deutschen Flughäfen, entschied ich mich für einen Burger mit Pommes. Nichts Spektakuläres, aber der Burger stillte im Vorhinein den Hunger, den ich im Flugzeug nicht bekommen wollte und schmeckte gut, und der Kellner freute sich auch über das Trinkgeld, das er von mir bekam.

Zufrieden, satt und reisefertig verbrachte ich die verbleibende Zeit damit, mich im Flughafen umzusehen. Da ich postkartenmäßig bisher ja keine Erfolge zu verzeichnen hatte, startete ich noch einen letzten Versuch, danach Ausschau zu halten. Erwartungsgemäß wurde ich allerdings auch hier nicht fündig und es keimte leise Enttäuschung in mir auf, da ich mein Versprechen nicht halten konnte. Aber: Nichts zu machen, denn es gab schlichtweg keine Postkarten mit Motiven der Ukraine. Weder von den großen prächtigen Städten oder mit einer einzigartigen Landschaft als Motiv, noch mit einer nichtssagenden und letztlich austauschbaren Landschaft. Ich stieg also in den Flieger ein, ohne auch nur eine Postkarte geschrieben zu haben, dabei hatte ich meinen Freunden vorher schon gesagt, dass sie eine Postkarte aus der Ukraine bekommen würden. Da hatte ich offensichtlich zu viel versprochen.

Wir rollten zur Startbahn. Ich schaute nochmal aus dem Fenster und sah den Flughafen inmitten der winterlichen Landschaft, ehe wir abhoben und in den Wolken über Kyiv verschwanden, um wieder zurück in Richtung Deutschland zu fliegen.

# Epilog

Am 24.02.2022 überfiel das größte Land der Welt das größte Land Europas. Putin befahl seinen Streitkräften die Ukraine zu anzugreifen und führt nun dort einen großangelegten Angriffskrieg, den er seinem russischen Volk als Spezialoperation verkauft. Das erste Opfer des Krieges ist immer die Wahrheit, sie stirbt immer zuerst. Während wir in Deutschland über Waffenlieferungen und offene Briefe diskutieren sterben jeden Tag in der Ukraine Menschen.

Und auch ich bin Pazifist, allerdings machen wir uns mitschuldig, dass dort jeden Tag Menschen vertrieben, gefoltert, getötet und vergewaltigt werden, wenn wir die Ukraine nicht mit Waffen unterstützen. So habe ich zum ersten Mal in meinem Leben Geld direkt an eine Armee überwiesen.

Jedoch wollte ich nicht nur Geld senden und mir die schrecklichen Bilder, der russischen Kriegsverbrechen im Fernsehen anschauen. Es war für mich völlig klar und im Angesicht der Tatsache, dass ich erst vor wenigen Wochen in diesem Land war und dort wunderbare Menschen kennengelernt habe, die nun auch aus den Orten, an denen ich war, wo ich sie kennengelernt habe geflohen sind. Also entschied ich mich erneut in die Ukraine zu gehen. In ein Kriegsgebiet und dort den Menschen vor Ort aktiv zu helfen und meine Fähigkeiten als

Sanitäter dort einzubringen, wo sie dringend benötigt wurden. Und dass sie dringend Sanitäter benötigten, bestätigten mir meine ukrainischen Kontakte, die sich auch um meine Unterkunft und meine Sicherheit vor Ort kümmerten. Und so flog ich am Tag der Arbeit, am ersten Mai nach Krakau in Polen, um vor dort mit dem Zug weiter nach Kyiv zu fahren, wo meine ukrainischen Freunde mich vom Bahnhof abholten. In Kyiv selbst hatte ich keine Angst vor russischen Angriffen, da die Ukrainer sehr um meine Sicherheit bedacht waren und auch für eine Dolmetscherin gesorgt hatten. Die Moral der Ukrainer ist ungebrochen. Sie waren und sind sehr dankbar, dass ich aus Deutschland mit meinen Kenntnissen gekommen bin, um sie auszubilden. Eine solche Dankbarkeit habe ich zuvor in so einem großen Umfang, wenn es um medizinische Ausbildung geht, noch nicht erleben dürfen. In diesem Sinne und mit dem 1962 zuerst von Marlene Dietrich auf Deutsch gesungenen - Sag mir wo die Blumen sind: Slava Ukraini!

Luginsland, im Mai 2022

Wo sind sie geblieben
Sag mir wo die Blumen sind,
Was ist geschehen?
Sag mir wo die Blumen sind,
Mädchen pflückten sie geschwind
Wann wird man je verstehen,
Wann wird man je verstehen?

Sag mir wo die Mädchen sind,
Wo sind sie geblieben?
Sag mir wo die Mädchen sind,
Was ist geschehen?
Sag mir wo die Mädchen sind,
Männer nahmen sie geschwind
Wann wird man je verstehen?
Wann wird man je verstehen?

Sag mir wo die Männer sind
Wo sind sie geblieben?
Sag mir wo die Männer sind,
Was ist geschehen?
Sag mir wo die Männer sind,
Zogen fort, der Krieg beginnt,
Wann wird man je verstehen?
Wann wird man je verstehen?

Sag wo die Soldaten sind,
Wo sind sie geblieben?
Sag wo die Soldaten sind,
Was ist geschehen?
Sag wo die Soldaten sind,
Über Gräben weht der Wind
Wann wird man je verstehen?
Wann wird man je verstehen?

Sag mir wo die Gräber sind,
Wo sind sie geblieben?
Sag mir wo die Gräber sind,
Was ist geschehen?
Sag mir wo die Gräber sind,
Blumen wehen im Sommerwind
Wann wird man je verstehen?
Wann wird man je verstehen?

Sag mir wo die Blumen sind,
Wo sind sie geblieben?
Sag mir wo die Blumen sind,
Was ist geschehen?
Sag mir wo die Blumen sind,
Mädchen pflückten sie geschwind
Wann wird man je verstehen?
Wann wird man je verstehen?

Vielen Dank an

Lektorat: Katrin Kappenstein, Bornheim

Korrektorat: Christiane von Bodenhausen,
Berlin

Cover & Design: Vera Küsgen, Köln


© 2022 Miguel Looft
Herstellung und Verlag: BoD – Books on
Demand, Norderstedt
ISBN: 9783756218431